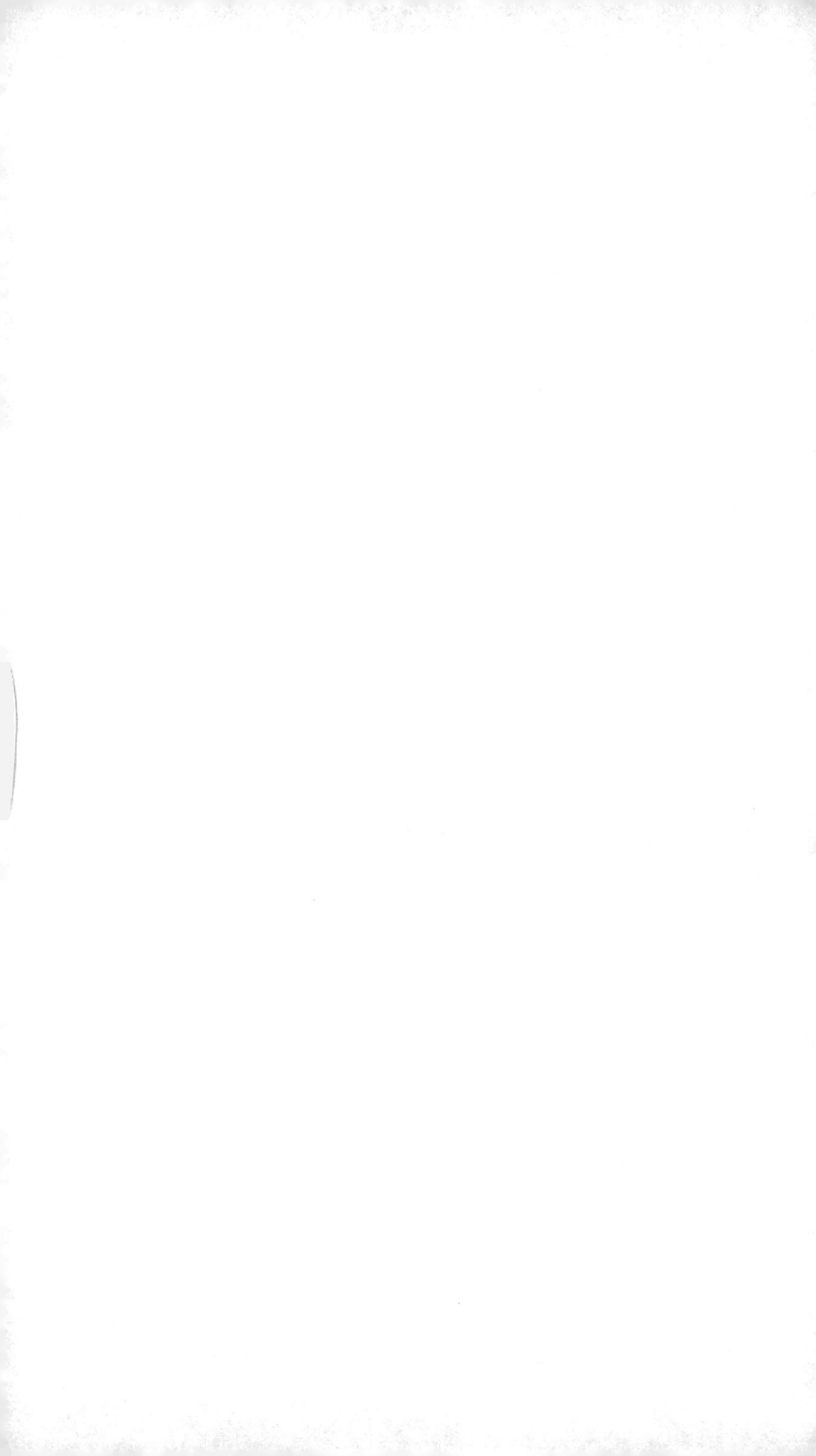

FRED VARGAS

Pars vite et reviens tard

Fiche de lecture

Les Éditions du Cénacle

© Les Éditions du Cénacle, 2020.

1 rue Honoré - 93500 Pantin.

ISBN 978-2-7593-1092-0

Dépôt légal : Novembre 2020

Impression Books on Demand GmbH

In de Tarpen 42

22848 Norderstedt, Allemagne

SOMMAIRE

BIOGRAPHIE DE FRED VARGAS

Fred Vargas, de son véritable nom Frédérique Audoin-Houzeau, est née le 7 juin 1957 à Paris. Son père est un intellectuel qui ne publie pas ses ouvrages tandis que sa mère exerce la profession de chimiste. Fred Vargas va développer ces deux versants. Tout d'abord en étudiant l'histoire : en effet, après le lycée Molière à Paris, elle se spécialise en histoire avec un doctorat portant sur la peste au Moyen Âge. Elle travaille au CNRS et participe à des fouilles archéologiques, à Paris notamment.

Puis Frédérique s'essaie à des activités plus artistiques, telles que la bande-dessinée, puis l'accordéon. Enfin, elle tente d'écrire un roman policier. Le succès est immédiatement au rendez-vous, dès 1986. À ce jour, elle reste fidèle à son éditrice de l'époque : Viviane Hamy.

Fred Vargas est un pseudonyme calqué sur celui de sa sœur jumelle Joëlle (surnommée Jo Vargas) qui est peintre et demeure le « double » de Frédérique. Joëlle donne son avis précieux à chaque roman. Ce pseudonyme, commun aux deux sœurs, provient du film *La Comtesse aux pieds nus* de Mankiewicz dont l'actrice Ava Gardner interprète le personnage de Maria Vargas.

Fred Vargas commence par publier quelques ouvrages scientifiques tels qu'*Ossements animaux du Moyen Âge au monastère de la Charité-sur-Loire* aux publications de la Sorbonne en 1986, puis devient très vite auteur de romans policiers à succès.

Dès ses premiers romans, les distinctions affluent avec notamment le Prix Mystère de la critique pour *Debout les morts* en 1996, le Grand Prix du roman noir de Cognac en 2000 pour *L'Homme à l'envers* ou encore deux trophées 813 du meilleur roman francophone en 2004 avec *Sous le vent de Neptune* et en 2006 avec *Dans les bois éternels*.

L'auteur s'est également essayée au genre de la bande

dessinée avec *Les Quatre Fleuves*, publié en 2000.

Pars vite et reviens tard reste en tête des meilleures ventes de romans en France l'année de sa sortie, en 2002.

Auteur très populaire, Fred Vargas livre des énigmes et des scénarii qui se prêtent à l'adaptation sur petit ou grand écran. En effet, *Pars vite et reviens tard*, incontestablement le roman le plus célèbre de l'auteur, est adapté au cinéma par Régis Wargnier en 2007 avec comme acteur principal José Garcia, qui campe le charismatique commissaire Adamsberg.

La réalisatrice Josée Dayan a également réalisé quatre téléfilms avec Jean-Luc Anglade dans le rôle d'Adamsberg et Charlotte Rampling dans le rôle de « la reine Mathilde » : *Sous les vents de Neptune* qui se passe en partie au Canada, en 2008, *L'Homme aux cercles bleus* en 2009, *L'Homme à l'envers* autour de Camille Forestier, l'amour d'Adamsberg, en 2009 et enfin *Un lieu incertain* en 2010.

Personnage discret et obsédé du détail, Fred Vargas reste loin des mondanités et continue sa profession de chercheur. Elle écrit chaque année, pendant ses vacances, un roman dont l'histoire se prépare dans sa mémoire pendant un an. Il lui suffit ensuite de trois semaines pour retranscrire toutes ses idées. S'en suit une correction minutieuse et une relecture de sa sœur Jo.

PRÉSENTATION DE
PARS VITE ET REVIENS TARD

Pars vite et reviens tard est paru le 15 octobre 2001 aux éditions Viviane Hamy dans la collection policière intitulée « chemins nocturnes ». Son auteur, Fred Vargas, a déjà publié une quinzaine de romans policiers chez la même éditrice, une relation de confiance qui perdure à ce jour. Le best-seller s'écoule à 330 000 exemplaires en édition originale et est porté à l'écran en 2006 par Régis Wargnier. José Garcia campe le commissaire Adamsberg. Le film ne connaît pas le succès escompté.

Très vite, le roman reçoit de nombreux prix prestigieux et devient un classique du genre contemporain. En effet, il est distingué par le Prix des libraires en 2000, le Grand Prix des lectrices de *Elle* en 2002, le Prix du meilleur polar francophone la même année ainsi que le Deutscher Krimipreis en Allemagne en 2004.

Les thèmes qui dominent dans le roman s'articulent autour de l'intrigue policière et des personnages hauts en couleur chers à Vargas.

Tout d'abord, il y a la présence de la peste, fléau des temps anciens qui rôde dans Paris. Elle s'accompagne d'une panique générale, de la peur de la population, une peur ancestrale entremêlée de superstitions et de croyances populaires. C'est ce que l'on constate à travers le chiffre 4, peint sur les portes des appartements, destiné à protéger ses habitants de la maladie, et le diamant, symbole magique qui empêche la contamination. À travers cette affaire, le lecteur constate le pouvoir des médias, de la presse notamment, et l'effet « feu de paille » que peut avoir la moindre affirmation – pas toujours fiable – détaillée dans un journal.

Pars vite et reviens tard évoque longuement le thème de la culpabilité et des apparences trompeuses, topiques du roman policier qui cherche le tueur là où il n'est jamais attendu. Les personnages de la place Edgar-Quinet dans le

XVIe arrondissement de la capitale sont tous touchés par la faute et ont fait de la prison pour la plupart. Cependant, on comprend aisément que l'équation crime-faute et culpabilité s'avère compliquée à déchiffrer.

Enfin, l'un des thèmes principaux et immanquables, est bien entendu le personnage du commissaire Adamsberg lui-même : cet être surprenant de perspicacité et atypique en tout point dans la police. Sa nature imprévisible, ses balades quotidiennes et son intuition vont l'aider à mener sa première enquête criminelle officielle à tambour battant, ce accompagné de son acolyte à ses antipodes, Adrien Danglard.

RÉSUMÉ DU ROMAN

Chapitre 1

Ce chapitre inaugural est en fait une citation qui décrit un chaos en marche : « Tous les animaux qui vivent dans la profondeur des galeries souterraines sortent en masse dans les champs. »

Chapitre 2

Joss Le Guern est un breton expatrié à Paris. Ancien marin déchu de ses fonctions après le naufrage de son bateau *Le Vent du Norois*, une vengeance patronale, et un séjour en prison pour coups et blessures, il s'est installé dans la capitale afin de refaire sa vie loin des lois tragiques de la mer.

Joss est devenu crieur comme son arrière-arrière-grand-père breton qui lui donne l'idée un soir de beuverie. Ce vieux métier populaire au XIXe siècle consiste à récolter des informations et à les crier dans la rue. Depuis sept ans, Joss collecte dans une boîte qu'il a baptisée *Le Vent du Norois II* les messages, « une soixantaine par jour en moyenne » déclamés dans Paris contre cinq francs. Tous les jours, il trie et écarte les messages indicibles du type raciste ou homophobe. Cette fois, il y trouve une belle enveloppe blanche, la troisième du genre en trois semaines contenant « les messages les plus déplaisants qu'il ait eu à lire en sept années ». Il découvre une citation, celle du chapitre 1 sur la fuite des animaux.

Chapitre 3

Hervé Decambrais, un aristocrate « lettré » et « fauché » sous-loue le premier étage de son hôtel. Il représente l'opposé du marin pêcheur. Il fait mine de ne pas écouter la criée mais tous les jours, il est sur le pas de sa porte, feignant de lire un livre. Lizbeth occupe une des ses chambres et l'aide au quotidien. Elle assiste aussi à toutes les criées. Son sourire déclenche « une envie irrésistible de se jeter dans ses bras ». Decambrais a repéré les messages insolites issus de citations dont il ne trouve plus la source. Damas apprend à Joss que Decambrais a une « piaule » à céder, idéale pour le breton. Mais Decambrais et Le Guern ne s'entendent pas très bien, l'un est aristocrate et l'autre une brute.

Chapitre 4

Le commissaire Adamsberg et le lieutenant récemment promu capitaine, Danglard, forment une équipe au sein de la Brigade criminelle groupe homicide de Paris. Ils viennent tout juste d'y être mutés. Une femme paniquée et en proie au doute explique à Adamsberg que treize portes de son immeuble ont été recouvertes du chiffre 4 à l'envers et à la peinture noire. Cela l'inquiète énormément. Les symboles sont signés CLT. Le commissaire la rassure, pour lui ce ne sont que des tags.

Chapitre 5

Des messages étranges et incompréhensibles ne cessent d'être déposés dans l'urne de Joss. Le messager augmente même le tarif. Joss se demande si c'est le vieux Decambrais, le même qui fabrique et vend de la dentelle, qui en est l'instigateur. Mais le vieux cherche au contraire à récupérer les papiers et à les déchiffrer, intrigué et persuadé d'avoir déjà lu certains de ces passages. Des messages insultant Decambrais sur ses occupations de dentelier arrivent dans l'urne mais Joss les excluent de la criée. Il utilise cette information pour essayer de récupérer la chambre libre dans la maison de

Decambrais : « Chez les Le Guern, on est peut-être des brutes mais on n'est pas des brigands », telle est la devise du breton. Les deux hommes ne s'apprécient pas mais Decambrais offre la chambre à Joss.

Chapitre 6

Pendant ce temps, Maryse revient à la brigade car d'autres immeubles ont reçu la signature des 4 à rebours. Les immeubles se situent aux opposés de la capitale, chose étrange si leurs auteurs faisaient bien partie d'une bande de jeunes taggeurs. Adamsberg reprend l'affaire et la note depuis le début. Danglard lui annonce que « la fille de la Reine Mathilde » est revenue. Cette fille, c'est Camille dont la mère a ébloui Danglard de sa beauté par le passé. Elle fréquente Adamsberg. Le commissaire ne retient aucun nom. Il demande donc à Danglard de lui rappeler le nom du photographe car il veut vérifier l'affaire des 4. Danglard l'accompagne malgré un scepticisme franc.

Chapitre 7

Le lendemain, Joss est persuadé que Decambrais va se raviser et lui retirer la chambre. Il découvre un nouveau message en latin qu'il croit être de l'italien.

Damas, le vendeur de rollers qui prête sa boutique à Joss est un exubérant. Il porte tee-shirts et cheveux sales même en hiver. Joss essaie de le raisonner. Decambrais veut déchiffrer les messages du « type qui joue au chat et à la souris ». Le breton évoque son enfance et découvre soudain que Decambrais est en réalité Hervé Ducouëdic, le fils de son professeur d'histoire au pensionnat de Triguier.

Chapitre 8

Chaque série des 4 épargne une porte dans chaque immeuble, chose étrange qui attire l'attention de Danglard et Adamsberg, même si le lieutenant tente de rationaliser. Adamsberg rentre et attend Camille. « Le fait demeurait : quand il attendait Camille, il était nu sous ses habits, alors qu'il ne l'était pas au travail. »

Chapitre 9

Nicolas Le Guern, ancêtre de Joss, apparaît dans sa nouvelle chambre et l'avertit que « c'est du mauvais » et qu'il lui faut « donner du mou ». Pendant ce temps, Decambrais déchiffre le message latin mélangé à de l'arabe. Il est toujours question d'animaux fuyants et cela le met mal à l'aise. Decambrais se souvient enfin : l'auteur est Avicenne, « médecin et philosophe persan, tout début du XIe siècle, mille fois recopié d'Orient en Occident » et l'œuvre dont il est tiré : « *Liber Canonis*. Le canon de la médecine. »

Chapitre 10

Adamsberg arrive en retard et cerné à cause de Camille. Danglard, lui, est seul avec ses cinq enfants : « C'était le bout du monde s'il touchait une femme une fois tous les deux ans. »
Le commissaire fait des recherches et découvre que de nombreux immeubles portent le signe 4 peint sur leurs portes. Il décide d'en visiter quelques uns. Camille a reconnu le signe, aperçu chez un ami médiéviste. Adamsberg y voit une « une présomption de violence ».

Chapitre 11

Decambrais avertit Joss que les messages qu'il a pu déchiffrer sont dangereux car annonciateurs de peste, grand fléau, et par conséquent, de mort. Il convainc Joss d'en parler à la police. Le vieux en connaît justement un, de la police : un « vaseux » mais avec du « génie ». On apprend que Decambrais a purgé six mois de prison.

Chapitre 12

Adamsberg comprend la situation et veut connaître la suite. Il découvre également que le 4 à rebours est un symbole de protection, un « talisman » contre la peste. C'est l'ami de Camille, un médiéviste du nom de Marc Vandoosler, qui lui donne l'information.

Adamsberg et Danglard assistent à la criée de 18 heures et la « spéciale » (c'est ainsi qu'ils appellent le message étrange du jour) parle de « fléau ». Le mot de « peste » est encore masqué par des synonymes mais pas pour longtemps.

Chapitre 13

Adamsberg passe la nuit avec Camille qui est pianiste pour des bandes originales de cinéma.

Chapitre 14

Le roman passe à une nouvelle focalisation. Celle de Mané et d'Arnaud qui complotent un crime. C'est Arnaud qui peint les 4 sur les portes. 253 portes à ce jour. « Ils vont crever jusqu'au dernier, tout seuls comme des grands » annonce la vieille femme. Puis elle montre à Arnaud des rats agonisants dans son grenier, un sac avec un cadavre de rat recouvert de puces. Elle récupère les puces dans une enveloppe pour Arnaud. Il va les déposer sous la porte d'un appartement. Mané lui dit : « Tu es le maître. »

Chapitre 15

Decambrais lit les deux nouvelles « spéciales » du samedi. La première est un extrait du journal intime de l'Anglais Pepys, qui a vécu la peste à Londres au XVIIe siècle. Dans cet extrait, l'Anglais découvre les premières portes marquées d'une croix rouge, symbole que la peste a infesté les lieux et que les passants doivent s'en éloigner. Dans le second extrait, un texte ancien mêlé d'informations actuelles, annonce que la peste est entrée dans Paris le 14 septembre rue Jean-Jacques Rousseau. Adamsberg conclut que c'est uniquement un fou symboliste et rentre chez lui.

Chapitre 16

Un cadavre est découvert rue Jean-Jacques Rousseau. Adamsberg l'avait pressenti : « Ces moments où il avait eu raison contre toute raison n'étaient pas ses meilleurs. » Le corps est retrouvé noir, signe de peste. La victime habitait dans un appartement épargné du talisman au cœur d'une série de portes pourtant marquées de 4, signe que la peste allait le frapper. Il s'appelait René Laurion, garagiste célibataire et d'allure irréprochable. Le corps est en fait noir car passé au charbon, nu et les bras en croix. Il comporte aussi des traces de strangulation. Adamsberg trouve une enveloppe ivoire du même calibre que les « spéciales ».

Chapitre 17

Adamsberg réunit la Brigade pour exposer les faits. Il décide de passer un communiqué pour que les immeubles touchés par les 4 se manifestent. Une protection va se poster devant chaque porte épargnée des séries de symboles.

Chapitre 18

Danglard trouve un homme aux initiales CLT dans le fichier des casiers judiciaires mais le profil ne semble pas correspondre a priori. Une bestiole trouvée dans l'enveloppe ivoire est envoyée au labo. Danglard a des puces et a peur pour lui et ses enfants. Pour le tueur, ces puces sont infectées par la peste. Adamsberg n'a pas peur : « J'attendrai d'être mort pour avoir peur, ça me gâchera moins la vie. »

Chapitre 19

Adamsberg se rend chez Vandoosler, le médiéviste dont il connaît l'oncle, ancien commissaire et collègue. Il interroge le jeune Vandoosler, qui est aussi femme de ménage. Il possède un alibi : son colocataire Matthias, spécialiste de la préhistoire, avec lequel il effectuait du repassage. Adamsberg lui raconte toute l'histoire et Marc l'avertit de l'extrême danger des puces si ce sont des puces de rats. Et c'est bien le cas. De plus, les initiales CLT signifient en latin « *Cito, longe fugeas et tarde redeas* » c'est-à-dire « Pars vite et reviens tard ». Exit la piste des initiales du tueur.

Chapitre 20

Decambrais a fait de la prison pour viol sur mineure dans

l'établissement où il enseignait. Mais l'histoire est compliquée et il est en fait innocent. Il a tout perdu : sa femme, son métier et même son identité. Danglard assure qu'il faut creuser sur les cas Le Guern et Ducoüedic, histoire de suivre une piste. Au final, les puces ne contiennent pas le bacille de la peste. Mais deux nouveaux corps sont retrouvés le lendemain, recouverts de charbon et étendus sur le trottoir.

Chapitre 21

Les victimes sont deux hommes lambda, sans détail particulier mises à part leur porte épargnée du talisman et les piqûres de puces sur leurs corps. Une nouvelle « spéciale » arrive par la poste à l'adresse de Joss, qui la crie comme prévu. Adamsberg et Danglard se sentent perdus. Mais le commissaire sent la présence du tueur sur la place Edgar-Quinet. Dans les média, la psychose grandit.

Chapitre 22

Une nouvelle « spéciale » évoque les 4 à rebours comme symboles de protection. En pleine conférence de presse, Adamsberg comprend que la Brigade s'affaire sur un nouveau meurtre. Une jeune femme de moins de trente ans, le corps noir, a été déposée sous un camion dans une rue déserte la nuit à Paris. Le commissaire comprend que le tueur incite les gens, apeurés, à peindre des 4 sur leurs portes, noyant complètement le suivi de l'affaire par la Brigade. « Il manipule l'opinion […] Il est lucide, Danglard, lucide et pragmatique » déclare Adamsberg. Ce dernier est perdu : « Il perdait toute clairvoyance, il ne parvenait plus à comprendre, à sentir, à saisir ce tueur tandis que le semeur faisait montre à l'inverse d'une efficacité parfaite. »

Las, il s'installe au bar de la place de la criée, *Le Viking*, et y rencontre Joss, qui lui parle d'une erreur de navigation, une grosse bévue qui fait tout basculer. Adamsberg se souvient alors, que quand Vandoosler a mis le doigt sur le corps noir, il lui a dit : « Quand votre homme charbonne le corps, il se trompe. Il commet même une énorme bévue. » Voilà la faille.

Chapitre 23

Mané et Arnaud continuent leurs manigances criminelles. Arnaud dit que « c'est le moment du voyage » et qu'il a besoin de « matériel » (les puces et le rat infesté par la peste). Il voue une admiration sans faille à la vieille mais c'est le maître, celui qui porte le diamant.

Chapitre 24

La carrière d'Adamsberg, et notamment sa récente nomination à la Brigade Criminelle, est désormais entre les mains du semeur de peste. La presse titre sans accalmie, laissant planer le doute quant aux soi-disant strangulations annoncées et rappelant qu'en 1920, la Police avait tu la présence de la peste dans Paris. Cette dernière information est inconnue du commissaire. Vandoosler confirme. Quatre-vingt-seize cas de peste dans Paris étaient cachés sous le nom de maladie n°9. La nouvelle « spéciale » raconte quant à elle l'invasion de peste à Marseille en 1720. C'est un texte célèbre ; annonciateur d'un des derniers grand cas de peste en France. Le semeur de peste quitterait donc Paris ?

Chapitre 25

Dimanche. Pas de nouvelle victime. Adamsberg s'entretient

avec le psychiatre Ferez pour cerner la personnalité du tueur. Il met en avant le côté anachronique du thème, la peste, et conclut que le semeur se venge d'un drame, d'une affaire de famille datant de la dernière peste de 1920, ce qu'on appelle un « fantôme familial » précise le médecin. Les deux hommes concluent que le tueur est sans doute un homme, déchiré par la perte d'un parent, à qui un grand-parent a martelé l'histoire familiale depuis l'enfance et use de la peste comme instrument de puissance. Sa famille a donc été épargnée par le fléau en pleine épidémie et peut-être a été rejetée par l'entourage, sans doute jusqu'à être désignée comme semeur de peste. Adamsberg doit donc chercher parmi les épargnés de 1920, ce qui n'est pas une mince affaire.

Le commissaire se poste sur la place, persuadé que le tueur s'y trouve. Il se laisse aller, son corps abandonné, puis soudain une sensation le heurte, un « choc qui lui fit presque mal et le laisse interdit, aux aguets […] un bout d'image, quelque part sur la place, venu le croiser en un dixième de seconde ».

Chapitre 27

Camille rejoint Adamsberg dans la soirée mais le trouve en compagnie d'une autre femme. Cela la paralyse même si elle connaît l'existence des « autres filles ». Elle quitte en courant l'appartement.

Chapitre 28

Camille fonce chez Danglard. Le lieutenant la console comme il peut en précisant qu'Adamsberg est un être très particulier, insondable : « Le jour où Dieu créa Adamsberg, Il avait passé une bien mauvaise nuit. » Il héberge Camille pour la nuit et garde le petit chaton qui la suit partout. Adamsberg ne réussit pas à la rattraper.

Chapitre 29

Adamsberg doit partir pour Marseille où un corps vient d'être découvert. Il comprend que Danglard sait pour « la collision » avec Camille, mais n'a aucune idée de la destination de la belle pianiste. Direction Marseille pour Adamsberg.

Chapitre 30

L'homologue marseillais d'Adamsberg s'appelle Masséna. La victime est un homme, la trentaine, rien de spécifique dans sa vie. Le tueur est bien le semeur. La « spéciale » du jour se termine par « elle est partout » en parlant de la peste et cette fois c'est de Troyes que parle l'extrait.

Adamsberg en se baladant la nuit se souvient d'un éclair infime sur la place après la criée. C'était la lueur d'un diamant : « L'éclair du semeur, protégé par le roi du talisman. »

Chapitre 31

La nouvelle spéciale annonce une accalmie puis une recrudescence du fléau vers 1630. Decambrais pense que cet extrait est introuvable, même par Vandoosler mais le médiéviste le décrypte. La prochaine ville est Châtellerault. A l'heure de la criée, Adamsberg repère une nouvelle fois l'éclair du diamant : Damas. Le jeune homme est arrêté.

Chapitre 32

Damas porte une bague à l'annulaire, retourné vers la paume. Damas Viguier est un faux nom. Il assure n'avoir tué personne, Adamsberg le croit mais est sûr qu'il est toutefois le semeur. On trouve deux puces de rats dans ses vêtements et des piqûres sur son corps. Damas, de son vrai nom Arnaud Damas Heller-Deville, a purgé cinq années de prison car sa petite amie est passée par la fenêtre. Il assure qu'elle s'est jetée, les témoins assurent quant à eux que le couple se disputait violemment très souvent. Damas est mis en examen même si la perquisition n'aboutit à rien.

Chapitre 33

À l'aube, un homme en plein panique débarque à la Brigade car il a été piqué par des puces.

Au bout de quelques minutes, l'homme, Kevin Roubaud, raconte toute l'histoire. Il y a huit ans, sept personnes ont été recrutées par un patron anonyme pour « asticoter » un type à Paris afin qu'il rende quelque chose, qu'il passe un certain coup de fil. La bande a torturé le jeune homme, accompagné de sa petite amie. Cinq d'entre eux ont violé la fille qui est devenue folle après cette agression. Dans la bande, il y a les trois victimes du semeur de la peste. La copine de Damas s'est ensuite jetée par la fenêtre de désespoir. Quant à lui, il a écopé de cinq ans de prison. Le jeune homme malingre est devenu un sportif, costaud et physique.

Adamsberg et Danglard épluchent les relevés téléphoniques de Damas puis ceux de la cabine du quartier. Il tombe sur un numéro récurrent qui s'avère être la grand-mère de Damas, Clémentine Courbet. Le quartier Hauptoul à Clichy, où elle demeure, était au centre de l'épidémie de 1920. L'équipe du commissaire fonce chez la vieille dame.

Chapitre 34

Clémentine les suit au poste mais elle arbore le même air

paisible que Damas, car elle croit elle aussi qu'elle n'a tué personne mais que c'est le fléau commandé par Dieu. Adamsberg comprend au détour d'une des ses légendaires marches qu'il manque un troisième maillon de la chaine, celui qui va tuer les trois derniers tortionnaires.

Chapitre 35

Le commissaire se rend au *Viking* et raconte toute l'histoire aux habitants du quartier, Decambrais, Lizbeth et Eva. Damas était en réalité un physicien de renom et c'est à cause d'une de ses découvertes qu'il a été torturé. Il n'a rien dit au procès pour se venger des années plus tard, protégé par le diamant de son arrière-grand-père, ce bijou qui a fait ses preuves par le passé. Pour Adamsberg, quelque chose cloche, « la bévue », le charbon.

Chapitre 36

Il se rend chez la sœur de Damas, Marie-Belle, grande absente de la réunion au *Viking*. Il la découvre avec un homme, le plus jeune frère de la fratrie. S'en suit une filature du jeune frère. Il s'arrête, rencontre un homme, le frappe et le jette dans le canal. L'agent Estalère sauve le vieux du canal et le lieutenant Violette Retancourt, une femme robuste et physique, maîtrise au sol le frère qui, en réalité, ne l'est pas. Le vieil homme n'est autre que Decambrais, appelé par un soi-disant collègue d'Adamsberg pour venir à ce rendez-vous, qui était en fait un guet-apens nocturne.

Le commissaire réfléchit sur son lit. Damas est un pestologue averti, jamais il n'aurait charbonné les corps. Ce n'est donc pas lui qui tue.

31

Chapitre 37

Antoine, le jeune homme qui a agressé Decambrais, est bien de la famille Heller-Deville. C'est un enfant illégitime du père de Damas, né huit ans après lui et vivant dans la misère, avec sa mère. Il est serrurier et vit à Romorantin.

Danglard trouve à Chatellerault l'homme de sciences qui a volé à Damas le secret de sa découverte, c'est lui qui est le commanditaire de son agression par la bande des six. Rodolphe Messelet est richissime et sans doute inatteignable par la justice.

Le commissaire interroge Antoine Hurfin et lui dit : « Tu es tout en acte et je ne sais pas où est ta pensée. Alors que Damas est tout en pensée, et tout en impuissance. Destructeurs l'un comme l'autre, toi avec tes mains, lui avec sa tête. » Antoine reste muet. Adamsberg se rend chez Marie-Belle et découvre une lettre dans laquelle elle explique avoir tout organisé parce qu'elle déteste Damas, le fils élevé « dans la soie » alors qu'Antoine et elle ne sont que les « prolos de Romorantin ». Elle s'est enfuie et ne veut pas qu'Antoine soit inquiété pour ce qu'elle a fait.

Adamsberg fait lire la lettre à Damas, qui s'effondre. Il comprend alors que Marie-Belle ne l'aimait pas et que les puces n'étaient pas infectées. Il fait promettre de ne rien dévoiler à Mané et peut sortir de prison dans la mesure où il n'est responsable que de boutons de puces et d'une « panique populaire ». Le commissaire fait sortir Clémentine qui donne le nom du dernier tortionnaire, le croyant déjà mort de la peste. Le psychiatre va aider Damas à sa réinsertion et Antoine, dans une prise en charge à long terme. Decambrais sort de l'hôpital.

Chapitre 38

Adamsberg se rend place Edgar-Quinet et s'entretient avec Decambrais. Il parle de son innocence dans l'affaire de viol, « de la faute et de l'apparence de la faute ». Adamsberg acquiesce. Ils s'installent tous chez Bertin pour le repas. Danglard arrive et dit à Adamsberg où se trouve Camille. Il l'a faite suivre depuis le début de sa fuite. Le commissaire écrit sur un papier « Camille. Je. » et, ne pouvant terminer la phrase, il dépose le papier ainsi que cinq francs dans l'urne de Joss Le Guern.

LES RAISONS DU SUCCÈS

Pars vite et reviens tard s'inscrit dans la littérature policière de son époque tout en gardant une particularité, un versant « rétro » qui intéresse ses lecteurs. Il est vrai que l'auteur qui choisit des thèmes comme la peste, une vieille maladie oubliée et d'autres symboles ancestraux de la peur dans d'autres romans, tels que le loup, fait preuve d'une imagination historique et peu tournée vers la modernité ou la technologie.

Ses personnages mêmes demeurent atypiques : Adamsberg ne ressemble en rien à un commissaire, les évangélistes historiens sont femmes de ménage, etc. C'est ce qui fait le charme et le succès de Vargas au cœur de cet univers fleurissant d'intrigues, d'enquêtes et de meurtres en tout genre.

Le polar est un véritable genre littéraire, nourri de suspense et de mystères à révéler. D'autres genres viennent s'y greffer : le thriller, le roman noir, le roman policier de science-fiction, le roman d'espionnage etc.

La littérature du XXe et XXIe siècles est une littérature foisonnante et protéiforme, qui ne se limite pas à la mode du moment.

Le polar est un genre qui se vend. Les romans policiers connaissent un succès populaire auprès de nombreux publics, pas toujours habitués des librairies. Le polar se lit dans le train, sur la plage ou dans son lit. Il tient en haleine son lecteur et permet ainsi sa fidélisation.

Les lecteurs dévorent de grands auteurs internationaux comme Mickaël Connely (prix de la littérature policière en 1999 avec *Créance de sang*), John Grisham, Patricia Cornwell (Prix du roman d'aventure en 1992 avec *Postmortem*) ou autre James Ellroy (Trophée 813 pour *Le Dalhia noir*).

En France, des auteurs marquent leur style, comme le nordiste Franck Tilliez et ses intrigues morbides et dérangeantes (*Train d'enfer pour Ange rouge* en 2004), Maurice G. Dantec qui propose des romans de science-fiction pétris de sang et d'enquêtes 2.0 (*La Sirène rouge*, Trophée 813 du meilleur roman francophone en 1994).

Fred Vargas, quant à elle, s'insère dans cet environnement littéraire avec une touche personnelle. Elle décrit et fait vivre des personnages atypiques et attachants, gardant l'humain comme sujet de prédilection dans chacun de ses romans.

Sa profession initiale de chercheur et spécialiste du Moyen Âge lui donne une particularité, celle de savoir parler et écrire de sujets anciens, emplis de charmes mystérieux et qui inspirent la peur. La peste ou le loup, notamment, en sont deux exemples.

Un dossier paru dans *L'Express* en 2011 avec pour titre « Vargas, la discrète », nous apprend certaines particularités qui ont fait le succès de Fred Vargas : « "La règle prioritaire de Fred Vargas, explique son ami Claude Mesplède, auteur du *Dictionnaire des littératures policières* (éd. Joseph K.) : les lecteurs doivent se sentir mieux après avoir lu ses romans policiers. Qui doivent impérativement commencer mal et finir bien." Ses autres atouts, selon ce spécialiste : le refus du fait divers sordide, la création d'un monde onirique, mais crédible, des personnages hors du commun, mais qu'on pourrait croiser dans la rue. "À ses yeux, le roman policier renoue avec les peurs ancestrales et permet de les exorciser", ajoute Viviane Hamy. »

Devenue très célèbre en France et aussi en Europe, on peut aisément imaginer que Fred Vargas va inspirer plus d'un futur auteur de « rom-pol » comme elle les appelle.

LES THÈMES PRINCIPAUX

La peste et ses croyances ancestrales

Chaque chapitre qui réunit Arnaud et sa grand-mère dans leur complot meurtrier développe des clichés, des croyances concernant la peste. D'abord, le don d'être épargné par la maladie, grâce à une bague en diamant : « Laisse la à gauche, ordonna t-elle, et ne l'enlève jamais. » (Mané, chapitre 4). La grand-mère ajoute : « T'as tous les dons, mon Arnaud, et ces dons, tu vas les reprendre, je te le jure bien sur l'Evangile. »

Les rats sont les animaux qui infestent les maisons et multiplient la maladie dans les foyers. Les symboles sur les portes, destinés à épargner certains foyers de la maladie, représentent une vieille coutume à « valeur de talisman contre la peste ». Le 4 à rebours est décrypté par Marc Vandoosler, un médiéviste chevronné qui affirme qu' « on se protégeait du fléau en le traçant sur la porte de sa demeure ». Cette croyance va de pair avec une forme de naïveté pathologique d'Arnaud et de sa grand-mère. Jusqu'au bout, la vieille dame est sûre du pouvoir de tuer de son petit-fils. Leur volonté de vengeance passe au-dessus du bon sens, du rationnel, et renie toute objectivité de leur époque.

Le personnage d'Adamsberg

Fred Vargas a réussi à créer un personnage atypique et sympathique à la fois, une trouvaille qui est sans aucun doute une raison du succès de ses romans policiers. Pour cerner le commissaire, il suffit de relever certaines de ses phrases, quasi cultes :

« Je me demande, dit le commissaire Adamsberg, si, à force d'être flic, je ne deviens pas flic » (Chapitre 4) ou encore : « J'attendrai d'être mort pour avoir peur, ça me gâchera moins la vie. » (Chapitre 18)

Adamsberg est un homme marqué par l'intuition et le pressentiment (« Ces moments où il avait eu raison contre toute raison n'étaient pas ses meilleurs. ») Discret, mystérieux, il ne correspond à aucun cliché, stéréotype ou idée que l'on peut se faire d'un commissaire à la Brigade homicide. Son apparence, parfois même loufoque, le rend presque comique, en tout cas sujet à l'empathie. Le lieutenant Danglard est a contrario son miroir inversé. Toujours bien habillé, sérieux, méthodique et traditionnel, c'est un « homme de papier », forgé par des raisonnements rationnels et sous le signe du bon sens.

« Lui aimait essentiellement marcher, rêver et faire […] », « Adamsberg avait toujours parlé lentement, prenant tout le temps d'énoncer l'important et le dérisoire, perdant parfois l'objectif en cours de route » tel un rêveur solitaire. Le commissaire a du « génie » comme le dit Decambrais : il sent les choses.

La vengeance

Le thème de la vengeance permet ici tout le mécanisme de l'intrigue et sa résolution. La vengeance motive les meurtres, la loi du Talion « œil pour œil, dent pour dent » s'exécute comme le couperet de la revanche.

Tout démarre comme dans les grandes tragédies, par une faute initiale. En effet, on apprend à la fin du roman que Damas alias Arnaud Damas Heller-Deville a été agressé sauvagement par une bande. Sa petite amie, présente sur les lieux, est violée et se suicide quelques mois plus tard. Damas est accusé, emprisonné, et va se venger, c'est sa seule raison et façon de survivre, de surmonter une telle cruauté. De là se crée l'histoire complexe de la peste, héritage de la famille mené par la vieille « Mané », qui peut contaminer qui elle veut.

« Ils vont crever jusqu'au dernier, tout seuls comme des grands » déclare la vieille femme.

À partir de là, la vengeance s'accomplit avec minutie, organisation et non sans une certaine grandiloquence, ne serait-ce que par les messages déposés régulièrement dans la boîte de Joss.

ÉTUDE DU MOUVEMENT LITTÉRAIRE

La littérature contemporaine, et tout particulièrement celle du roman noir, policier ou « nocturne » comme aime les appeler Fred Vargas, ne semble pas appartenir à un mouvement ou à un groupe d'auteurs précis. Chaque écrivain développe sa « patte », sa touche d'originalité, le plus qui marquera les esprits et donnera du rythme à son récit.

Vargas, par exemple, fabrique tous ses romans d'une manière similaire : « Je n'ai pas de vieille recette pour fabriquer une histoire. Quand je suis sur le point de m'endormir, je me retrouve à imaginer un dialogue que je ne note jamais, narre-t-elle. C'est la loi de Darwin, il restera ce qu'il restera le lendemain matin. Le soir, quand je pense à mon histoire, je ne note rien, j'en oublie quatre-vingt-dix pour cent. »

Souvent, les auteurs de romans policiers ne sont pas écrivains de profession. Ils exercent un autre métier en parallèle (Franck Thillier est informaticien, Vargas est archéologue, Patricia Cornwell est journaliste et informaticienne par exemple). Le roman noir est un genre précis qui demande de l'expérience dans la vie quotidienne, une forte imprégnation et connaissance de la nature humaine.

La plupart des auteurs de romans policiers sont assez discrets, peu loquaces quant à leur art. On peut dire que c'est un genre de l'ombre. Les thèmes communs à ces auteurs représentent toujours une plongée dans la cruauté et la pulsion de mort chez les Hommes. L'idée étant de démêler les fils inextricables de la volonté de meurtre et de vengeance de l'assassin. Déchiffrer, décrypter sans cesse : les auteurs de romans policiers sont de fins analystes, méthodiques et minutieux, alertes au moindre détail. À bien des égards, l'écriture d'un roman policier s'apparente à une expérience du domaine scientifique.

Les auteurs de la période contemporaine sont pétris de références traditionnelles d'Agatha Christie en passant par

Sherlock Homes.

Les films noirs aussi sont une source d'inspiration importante comme *Le Facteur sonne toujours deux fois* de Tay Garnett, *Le Carrefour de la mort* de Henry Hathaway, *La Dame de Shanghai* d'Orson Welles ou encore les fameux Hitchcock.

Aussi, la multiplication des séries américaines comme *Dexter*, *Cold Case* et autres *Experts* permettent d'ouvrir les champs d'une imagination sans fin. Ces séries bénéficient d'ailleurs d'un rythme effréné et de codes bien à eux qu'il est tentant d'emprunter.

DANS LA MÊME COLLECTION
(par ordre alphabétique)

- **Chateaubriand**, *Atala*
- **Chateaubriand**, *René*
- **Chrétien de Troyes**, *Perceval*
- **Cocteau**, *Les Enfants terribles*
- **Colette**, *Le Blé en herbe*
- **Corneille**, *Le Cid*
- **Crébillon fils**, *Les Égarements du cœur et de l'esprit*
- **Defoe**, *Robinson Crusoé*
- **Dickens**, *Oliver Twist*
- **Du Bellay**, *Les Regrets*
- **Dumas**, *Henri III et sa cour*
- **Duras**, *L'Amant*
- **Duras**, *La Pluie d'été*
- **Duras**, *Un barrage contre le Pacifique*
- **Flaubert**, *Bouvard et Pécuchet*
- **Flaubert**, *L'Éducation sentimentale*
- **Flaubert**, *Madame Bovary*
- **Flaubert**, *Salammbô*
- **Gary**, *La Vie devant soi*
- **Giraudoux**, *Électre*
- **Giraudoux**, *La Guerre de Troie n'aura pas lieu*
- **Gogol**, *Le Mariage*
- **Homère**, *L'Odyssée*
- **Hugo**, *Hernani*
- **Hugo**, *Les Misérables*
- **Hugo**, *Notre-Dame de Paris*
- **Huxley**, *Le Meilleur des mondes*
- **Jaccottet**, *À la lumière d'hiver*
- **James**, *Une vie à Londres*
- **Jarry**, *Ubu roi*
- **Kafka**, *La Métamorphose*
- **Kerouac**, *Sur la route*
- **Kessel**, *Le Lion*

- **La Fayette**, *La Princesse de Clèves*
- **Le Clézio**, *Mondo et autres histoires*
- **Levi**, *Si c'est un homme*
- **London**, *Croc-Blanc*
- **London**, *L'Appel de la forêt*
- **Maupassant**, *Boule de suif*
- **Maupassant**, *Le Horla*
- **Maupassant**, *Une vie*
- **Molière**, *Amphitryon*
- **Molière**, *Dom Juan*
- **Molière**, *L'Avare*
- **Molière**, *Le Malade imaginaire*
- **Molière**, *Le Tartuffe*
- **Molière**, *Les Fourberies de Scapin*
- **Musset**, *Les Caprices de Marianne*
- **Musset**, *Lorenzaccio*
- **Musset**, *On ne badine pas avec l'amour*
- **Perec**, *La Disparition*
- **Perec**, *Les Choses*
- **Perrault**, *Contes*
- **Prévert**, *Paroles*
- **Prévost**, *Manon Lescaut*
- **Proust**, *À l'ombre des jeunes filles en fleurs*
- **Proust**, *Albertine disparue*
- **Proust**, *Du côté de chez Swann*
- **Proust**, *Le Côté de Guermantes*
- **Proust**, *Le Temps retrouvé*
- **Proust**, *Sodome et Gomorrhe*
- **Proust**, *Un amour de Swann*
- **Queneau**, *Exercices de style*
- **Quignard**, *Tous les matins du monde*
- **Rabelais**, *Gargantua*
- **Rabelais**, *Pantagruel*

- **Racine**, *Andromaque*
- **Racine**, *Bérénice*
- **Racine**, *Britannicus*
- **Racine**, *Phèdre*
- **Renard**, *Poil de carotte*
- **Rimbaud**, *Une saison en enfer*
- **Sagan**, *Bonjour tristesse*
- **Saint-Exupéry**, *Le Petit Prince*
- **Sarraute**, *Enfance*
- **Sarraute**, *Tropismes*
- **Sartre**, *Huis clos*
- **Sartre**, *La Nausée*
- **Senghor**, *La Belle histoire de Leuk-le-lièvre*
- **Shakespeare**, *Roméo et Juliette*
- **Steinbeck**, *Les Raisins de la colère*
- **Stendhal**, *La Chartreuse de Parme*
- **Stendhal**, *Le Rouge et le Noir*
- **Verlaine**, *Romances sans paroles*
- **Verne**, *Une ville flottante*
- **Verne**, *Voyage au centre de la Terre*
- **Vian**, *L'Arrache-cœur*
- **Vian**, *L'Écume des jours*
- **Voltaire**, *Candide*
- **Voltaire**, *Micromégas*
- **Zola**, *Au Bonheur des Dames*
- **Zola**, *Germinal*
- **Zola**, *L'Argent*
- **Zola**, *L'Assommoir*
- **Zola**, *La Bête humaine*
- **Zola**, *Nana*
- **Zola**, *Pot-Bouille*

CPSIA information can be obtained
at www.ICGtesting.com
Printed in the USA
BVHW081658261021
619919BV00004B/270